Liebe Leserin, lieber Leser,

ich wünsche Dir für das neue Jahr, dass es für Dich ein gesegnetes Jahr sein möge. Ich wünsche Dir, dass Du Begegnungen erfahren darfst, die für Dich zum Segen werden. Und ich wünsche Dir, dass Dein Leben und die Begegnungen, die Dir geschenkt sind, auch selbst zum Segen für andere werden.
Das schönste Wort, das Gott je zu einem Menschen gesprochen hat, ist das Wort an Abraham: »Du sollst ein Segen sein.« Wir können dieses Wort auch als Zusage umformulieren: »Du bist ein Segen.« Manchmal sagen wir von anderen Menschen, dass sie ein Segen sind. Das Kind ist ein Sonnenschein, ein Segen für die Familie. Die Mutter ist ein Segen für die Kinder. Aber wenn wir dieses Wort von uns selbst sagen sollen – »Ich bin ein Segen« –, dann wehrt sich vieles in uns. Dann denken wir sofort an unsere Fehler und sagen: »Ich bin doch so begrenzt und manchmal eher eine Last für die anderen.« Wenn Du das Wort in Dein Herz fallen lässt, dann lösen sich all Deine negativen Selbstbilder auf. Du kannst nicht damit angeben, dass Du ein Segen bist. Es ist vielmehr ein Geschenk Gottes. Aber Du bist, wenn Du Dein einmaliges Leben le   Segen für die anderen.

So wünsche ich Dir, dass Du durch Dein Sein zum Segen wirst für die Menschen, denen Du begegnest. Aber ich wünsche Dir auch, dass alles, was Du in die Hand nimmst, gesegnet wird und Segen bringt für Dich und für die Menschen, für die Du da bist und für die Du arbeitest. Ich wünsche Dir, dass Du jeden der kommenden 365 Tage als einen gesegneten Tag erlebst. Gott hat Dein Jahr gesegnet. Beginne jeden Tag neu mit seinem Segen und mit der Gewissheit, dass Du in einen gesegneten Tag hineingehst.

Der Kalender, der bei Dir an der Wand hängt oder auf dem Tisch steht, möge Dich immer daran erinnern, dass Du in einem gesegneten Raum wohnst, in dem Du vom Segen Gottes umgeben und eingehüllt bist. Und er möge Dich daran erinnern, dass Du selbst ein Segen bist für die Menschen in Deiner Umgebung, ja für diese ganze Welt. Der hl. Benedikt, der den Namen des Gesegneten trägt, möge Dich daran erinnern, dass auch Du von Gott gesegnet bist und dass seine segnende Hand Dich überall begleitet. So wünsche ich Dir, dass Du als Gesegneter und Gesegnete jeden Tag des Jahres beginnst und beschließt.

Dein

Alles, was wir tun, ist auf Gottes **Segen** angewiesen.

~

Neujahr

MITTWOCH

1. Januar

Aus: Du bist ein Segen
© Vier-Türme GmbH, Verlag, Münsterschwarzach

Dein **Engel** nimmt Dich an die Hand und führt Dich.

~

DONNERSTAG

2. Januar

Aus einem Impulstext
© Vier-Türme GmbH, Verlag, Münsterschwarzach

Die **Vergebung,**
die wir erfahren haben
und immer wieder erfahren,
bewirkt in uns eine
große Liebe.

~

FREITAG

3. Januar

Aus: Inseln im Alltag – Benediktinische Exerzitien
© Vier-Türme GmbH, Verlag, Münsterschwarzach

Glauben ist ein Grundakt des Menschen.

~

SAMSTAG

4. Januar

Aus: Wie hältst Du's mit der Religion? – 75 Fragen an Anselm Grün
© Vier-Türme GmbH, Verlag, Münsterschwarzach

Wer mit seinem Selbst
in Berührung ist,
der spürt eine innere Ruhe.

~

SONNTAG

5. Januar

Aus: Warum immer ich? – Beziehungsmuster erkennen und aufbrechen
© Vier-Türme GmbH, Verlag, Münsterschwarzach

Der Stern von Betlehem ist ein *Zeichen* auch für unsere Sehnsucht.

~

Heilige Drei Könige

MONTAG

6. Januar

Aus einem Impulstext
© Vier-Türme GmbH, Verlag, Münsterschwarzach

Damit der Mensch seine Schuld einsehen kann, braucht er die Erfahrung, dass er bedingungslos **angenommen** ist.

~

DIENSTAG
7. Januar

Aus: Warum immer ich? – Beziehungsmuster erkennen und aufbrechen
© Vier-Türme GmbH, Verlag, Münsterschwarzach

Achtsamkeit

ist der Weg, auf dem ich die
Einheit von Vergangenheit,
Gegenwart und Zukunft
erfahren kann.

∽

MITTWOCH

8. Januar

Aus: Die Kunst, das rechte Maß zu finden
© Vier-Türme GmbH, Verlag, Münsterschwarzach

Angst lähmt,
Vertrauen
bringt in Bewegung.

~

DONNERSTAG

9. Januar

Aus dem Impulstext »Schule und Erziehung im Geiste Benedikts«
© Vier-Türme GmbH, Verlag, Münsterschwarzach

Wer sich alle Türen offenhält, steht irgendwann vor verschlossenen Türen.

~

FREITAG

10. Januar

Aus: Was will ich? – Mut zur Entscheidung
© Vier-Türme GmbH, Verlag, Münsterschwarzach

Der **Dankbare** denkt mit dem Herzen.

~

SAMSTAG

11. Januar

Aus: Selbstbestimmt im Alter
© Vier-Türme GmbH, Verlag, Münsterschwarzach

Ein gesegneter Gegenstand erinnert einen Menschen im Alltag daran, dass Gottes **Segen** ihn begleitet.

~

SONNTAG

12. Januar

Aus: Segen – Die heilende Kraft
© Vier-Türme GmbH, Verlag, Münsterschwarzach

Es lohnt sich, sich immer wieder neu um das **Gebet** zu bemühen.

~

MONTAG

13. Januar

Aus: Der Weg durch die Wüste – 40 Weisheitssprüche der Wüstenväter
© Vier-Türme GmbH, Verlag, Münsterschwarzach

Wir dürfen zu Gott
wie zu einem
Freund sprechen.

~

DIENSTAG

14. Januar

Aus: Vaterunser – Eine Hilfe zum richtigen Leben
© Vier-Türme GmbH, Verlag, Münsterschwarzach

Jeder **Mensch** kann den Traum, den er hat, mit seinen Fähigkeiten und Ressourcen leidenschaftlich verwirklichen.

~

MITTWOCH

15. Januar

Aus: Wofür brennst du? – Leidenschaftlich leben
© Vier-Türme GmbH, Verlag, Münsterschwarzach

Auf dem Grund unserer Seele
sprudelt eine Quelle
der Freude und des Lebens.

~

DONNERSTAG

16. Januar

Aus: Freu dich am Leben
© Vier-Türme GmbH, Verlag, Münsterschwarzach

Wenn ein Mensch sich über andere erhebt, verliert er den Maßstab für menschliches **Miteinander.**

~

FREITAG

17. Januar

Aus: Wie hältst Du's mit der Religion? - 75 Fragen an Anselm Grün
© Vier-Türme GmbH, Verlag, Münsterschwarzach

Die Bilder unserer **Kindheit** bringen uns in Berührung mit unserer Leidenschaft.

~

SAMSTAG

18. Januar

Aus: Wofür brennst du? – Leidenschaftlich leben
© Vier-Türme GmbH, Verlag, Münsterschwarzach

Im Schweigen,
in der Stille
berühren wir Gott in seinem
innersten Sein.

～

SONNTAG

19. Januar

Aus: Wofür brennst du? – Leidenschaftlich leben
© Vier-Türme GmbH, Verlag, Münsterschwarzach

Gott ist im Schweigen, jenseits des Feuers der Begeisterung.

∼

MONTAG

20. Januar

Aus: Wofür brennst du? – Leidenschaftlich leben
© Vier-Türme GmbH, Verlag, Münsterschwarzach

Halte am **Abend**
Gott Deinen Tag
in Deinen Händen
in Form einer Schale hin.

~

DIENSTAG

21. Januar

Aus: Was uns leben lässt – Biblische Weisheiten für den Alltag
© Vier-Türme GmbH, Verlag, Münsterschwarzach

Heimat ist dort, wo ich liebe und geliebt werde.

~

MITTWOCH

22. Januar

Aus: Wo ich zu Hause bin – Von der Sehnsucht nach Heimat
© Vier-Türme GmbH, Verlag, Münsterschwarzach

Deine Leidenschaft ist
eine Quelle, aus der
Du immer wieder neu
schöpfen kannst.

∼

DONNERSTAG

23. Januar

Aus: Wofür brennst du? – Leidenschaftlich leben
© Vier-Türme GmbH, Verlag, Münsterschwarzach

Alles in dieser Welt ist heilig, weil alles durchdrungen ist vom schöpferischen **Geist** Gottes.

~

FREITAG

24. Januar

Aus: Benediktinische Schöpfungsspiritualität
© Vier-Türme GmbH, Verlag, Münsterschwarzach

Gott will immer unsere Heiligung, unsere **Heilung.**

~

SAMSTAG

25. Januar

Aus: Fasten – Auf der Suche nach der Quelle des Lebens
© Vier-Türme GmbH, Verlag, Münsterschwarzach

Rituale halten in uns die spirituelle Leidenschaft wach.

~

SONNTAG

26. Januar

Aus: Wofür brennst du? – Leidenschaftlich leben
© Vier-Türme GmbH, Verlag, Münsterschwarzach

Wirkliche Lust am *Leben* erlebt nur der, der ganz in der Gegenwart lebt.

~

MONTAG

27. Januar

Aus: Gier – Auswege aus dem Streben nach immer mehr
© Vier-Türme GmbH, Verlag, Münsterschwarzach

Das wahre **Glück** führt uns in die innere Freiheit.

~

DIENSTAG

28. Januar

Aus einem Predigttext
© Vier-Türme GmbH, Verlag, Münsterschwarzach

Alle Kunst kreist letztlich um das Thema **Liebe:** In der Musik wird sie hörbar, in den Bildern sichtbar.

~

MITTWOCH

29. Januar

Aus: Das Hohelied der Liebe
© Vier-Türme GmbH, Verlag, Münsterschwarzach

Das **Vertrauen** in Gott ist immer auch Vertrauen in das Leben. Denn Gott ist der Grund allen Seins.

~

DONNERSTAG

30. Januar

Aus: Vertraue dem Leben
© Vier-Türme GmbH, Verlag, Münsterschwarzach

Engel erkennen wir am Klang ihrer Stimmen.

~

FREITAG

31. Januar

Aus einem Impulstext
© Vier-Türme GmbH, Verlag, Münsterschwarzach

Die **Hoffnung** gibt uns Kraft, uns leidenschaftlich für unsere Ziele einzusetzen.

~

SAMSTAG

1. Februar

Aus: Wofür brennst du? – Leidenschaftlich leben
© Vier-Türme GmbH, Verlag, Münsterschwarzach

Gott nimmt **jeden** Menschen bedingungslos an.

~

Mariä Lichtmess

SONNTAG

2. Februar

Aus: Warum immer ich? – Beziehungsmuster erkennen und aufbrechen
© Vier-Türme GmbH, Verlag, Münsterschwarzach

Das **Gebet** kann die Menschen miteinander verbinden.

~

MONTAG

3. Februar

Aus: Von der Kraft des Anfangs – Was wir von den ersten Christen lernen können
© Vier-Türme GmbH, Verlag, Münsterschwarzach

Das Segnen schafft eine positive Atmosphäre des **Schutzes** und der Geborgenheit.

~

DIENSTAG

4. Februar

Aus: Segen – Die heilende Kraft
© Vier-Türme GmbH, Verlag, Münsterschwarzach

Wir können Gottes Geheimnis und *Liebe* mit all unseren Sinnen erahnen.

~

MITTWOCH

5. Februar

Aus: Gott los werden? – Warum der Glaube den Unglauben braucht
© Vier-Türme GmbH, Verlag, Münsterschwarzach

Jede tiefe Musik führt letztlich in die **Stille** und in die Erfahrung des unsagbaren Gottes.

~

DONNERSTAG

6. Februar

Aus: Höre, so wird deine Seele leben – Die spirituelle Kraft der Musik
© Vier-Türme GmbH, Verlag, Münsterschwarzach

Dort, wo das **Geheimnis** Gottes in Dir wohnt, kommst Du zu Dir selbst.

~

FREITAG

7. Februar

Aus: Neu denken – eins werden
© Vier-Türme GmbH, Verlag, Münsterschwarzach

Das, was mir Energie raubt,
ist das **Gegenteil**
meiner Leidenschaft.

~

SAMSTAG

8. Februar

Aus: Wofür brennst du? – Leidenschaftlich leben
© Vier-Türme GmbH, Verlag, Münsterschwarzach

Zeit erleben wir nur dann wirklich, wenn wir **wach** sind, wenn wir achtsam sind.

~

SONNTAG

9. Februar

Aus: Spirituell Zeit gestalten – mit Benedikt und der Bibel
© Vier-Türme GmbH, Verlag, Münsterschwarzach

Bilder bringen uns in Berührung mit unseren eigenen Möglichkeiten.

∼

MONTAG

10. Februar

Aus: Erwecke den Clown in dir – Mit Humor das Leben meistern
© Vier-Türme GmbH, Verlag, Münsterschwarzach

Das Heilige ist eine **Spur** Gottes in unserer Welt, die wir auch heute noch wahrnehmen können.

~

DIENSTAG

11. Februar

Aus: Entdecke das Heilige in dir
© Vier-Türme GmbH, Verlag, Münsterschwarzach

Rituale verbinden die Menschen miteinander und machen Lust, **gemeinsam** zu arbeiten und etwas zu formen.

~

MITTWOCH

12. Februar

Aus dem Impulstext »Schule und Erziehung im Geiste Benedikts«
© Vier-Türme GmbH, Verlag, Münsterschwarzach

Eine **Kirche** als Bau, der die Schönheit Gottes widerspiegelt, ist eine Hilfe, mir Gottes heilende Nähe vorzustellen.

DONNERSTAG

13. Februar

Aus: Wie hältst Du's mit der Religion? – 75 Fragen an Anselm Grün
© Vier-Türme GmbH, Verlag, Münsterschwarzach

Zur **Freundschaft** gehört es, auch durch Duststrecken und Wüstenabschnitte gemeinsam zu gehen.

~

Valentinstag
FREITAG

14. Februar

Aus: Ich wünsch dir einen Freund
© Vier-Türme GmbH, Verlag, Münsterschwarzach

Die **Beziehung** zu Gott ist mehr als Gefühl. Sie ist da, auch wenn ich sie nicht spüre.

~

SAMSTAG

15. Februar

Aus dem Predigttext »Beziehung und Spiritualität«
© Vier-Türme GmbH, Verlag, Münsterschwarzach

Es braucht Fantasie,
Kreativität und Leidenschaft,
um **Frieden**
zu gestalten.

~

SONNTAG

16. Februar

Aus: Wofür brennst du? – Leidenschaftlich leben
© Vier-Türme GmbH, Verlag, Münsterschwarzach

Vergebung

reinigt die Atmosphäre.

~

MONTAG

17. Februar

Aus dem Predigttext »Beziehung und Spiritualität«
© Vier-Türme GmbH, Verlag, Münsterschwarzach

Engel sind unsichtbar,
aber doch **wirksam**
zwischen Himmel und Erde.

DIENSTAG

18. Februar

Aus einem Impulstext
© Vier-Türme GmbH, Verlag, Münsterschwarzach

Beim Lesen tauche ich in eine andere **Welt** ein, das tut mir gut.

~

MITTWOCH

19. Februar

Aus: Vertraue dem Leben
© Vier-Türme GmbH, Verlag, Münsterschwarzach

Wer mit **Hingabe** lebt und arbeitet, dessen Leben ist im Fluss.

~

DONNERSTAG

20. Februar

Aus: Gier – Auswege aus dem Streben nach immer mehr
© Vier-Türme GmbH, Verlag, Münsterschwarzach

Wir können niemals alle Erwartungen zufriedenstellen. Wir müssen uns entscheiden, welche wir erfüllen wollen und welche nicht.

~

FREITAG

21. Februar

Aus: Tür-Öffner – Sieben Schlüssel zu einem achtsamen Alltag
© Vier-Türme GmbH, Verlag, Münsterschwarzach

Das Vertrauen auf Gott verleiht uns in unsicheren Zeiten einen festen Grund, auf dem wir *sicher* stehen können.

∽

SAMSTAG

22. Februar

Aus: Vertraue dem Leben
© Vier-Türme GmbH, Verlag, Münsterschwarzach

Der Glaube, dass Gott **gegenwärtig** ist, genügt, um mit Gott in Beziehung zu sein und zu bleiben.

~

SONNTAG

23. Februar

Aus dem Predigttext »Beziehung und Spiritualität«
© Vier-Türme GmbH, Verlag, Münsterschwarzach

Wenn ich Altes loslasse,
kann **Neues**
in mir wachsen.

~

MONTAG

24. Februar

Aus: Selbstbestimmt im Alter
© Vier-Türme GmbH, Verlag, Münsterschwarzach

Nicht der materielle
Wert macht ein
Geschenk aus,
sondern die Fantasie und die
Liebe, die ich hineinlege.

~

DIENSTAG

25. Februar

Aus dem Predigttext »Beziehung und Spiritualität«
© Vier-Türme GmbH, Verlag, Münsterschwarzach

Im **Rhythmus**
der Natur zu leben,
tut unserer Seele gut.

~

MITTWOCH

26. Februar

Aus dem Impulstext »Spiritualität der Landwirtschaft«
© Vier-Türme GmbH, Verlag, Münsterschwarzach

Die **Freude** ist eine Quelle, die auf dem Grund meiner Seele sprudelt.

~

DONNERSTAG

27. Februar

Aus: Was uns leben lässt – Biblische Weisheiten für den Alltag
© Vier-Türme GmbH, Verlag, Münsterschwarzach

Die Spiritualität des Segens
ist eng verbunden
mit der Spiritualität der
Dankbarkeit.

~

FREITAG

28. Februar

Aus: Segen – Die heilende Kraft
© Vier-Türme GmbH, Verlag, Münsterschwarzach

Wahre **Freude** entsteht, wenn man gibt.

~

SAMSTAG

1. März

Aus: Gier – Auswege aus dem Streben nach immer mehr
© Vier-Türme GmbH, Verlag, Münsterschwarzach

Wir sollen Gott nicht mit Begeisterung identifizieren. Er ist *jenseits* der leidenschaftlichen Gefühle.

~

SONNTAG

2. März

Aus: Wofür brennst du? – Leidenschaftlich leben
© Vier-Türme GmbH, Verlag, Münsterschwarzach

Das **Lachen** befreit vom Klagen über die Sorgen des Alltags.

∼

Rosenmontag
MONTAG

3. März

Aus: Königin und wilde Frau – Lebe, was du bist
© Vier-Türme GmbH, Verlag, Münsterschwarzach

Vor einem echten **Freund** darfst Du sein, wie Du bist.

~

Faschingsdienstag
DIENSTAG

4. März

Aus: Fasten – Auf der Suche nach der Quelle des Lebens
© Vier-Türme GmbH, Verlag, Münsterschwarzach

Der Alltag ist ein Schatzmeister, der uns seine Kostbarkeiten preisgibt, wenn wir uns mit ihm **anfreunden.**

~

Aschermittwoch

MITTWOCH

5. März

Aus: Auf der Suche nach dem inneren Gold
© Vier-Türme GmbH, Verlag, Münsterschwarzach

Wer sich von Gott ohne Bedingung *geliebt* fühlt, der findet auch den Mut, sich den unangenehmen Seiten seines Lebens zu stellen.

~

DONNERSTAG

6. März

Aus: Der Weg durch die Wüste - 40 Weisheitssprüche der Wüstenväter
© Vier-Türme GmbH, Verlag, Münsterschwarzach

Alles wird anders in meinem Leben, wenn ich daran glaube, dass Gott es **zärtlich** berührt.

~

FREITAG

7. März

Aus einem Predigttext
© Vier-Türme GmbH, Verlag, Münsterschwarzach

Demut heißt für mich: den Mut haben, in meine eigene Menschlichkeit, in meine Schatten hinabzusteigen.

~

SAMSTAG

8. März

Aus: Das Geheimnis jenseits aller Wege – Was uns eint, was uns trennt
© Vier-Türme GmbH, Verlag, Münsterschwarzach

Bevor Du im Gebet Gott **begegnen** kannst, musst Du Dir erst einmal selbst begegnen.

∽

SONNTAG

9. März

Aus: Wenn ich nicht mehr beten kann
© Vier-Türme GmbH, Verlag, Münsterschwarzach

Ein gesundes Selbstwertgefühl **hilft** uns, uns vom Mechanismus der Schuldgefühle, der Minderwertigkeit und der Projektion zu befreien.

∼

MONTAG

10. März

Aus: Warum immer ich? – Beziehungsmuster erkennen und aufbrechen
© Vier-Türme GmbH, Verlag, Münsterschwarzach

Im Leben aus dem Segen
werde ich immer wieder
dankbar erfahren,
dass es Gottes Geschenk ist,
wenn mir etwas gelingt.

DIENSTAG

11. März

Aus: Wie hältst Du's mit der Religion? – 75 Fragen an Anselm Grün
© Vier-Türme GmbH, Verlag, Münsterschwarzach

Wir sollen alles, was in uns verdrängt und verborgen ist, in Gottes Liebe und *Licht* halten.

~

MITTWOCH

12. März

Aus: Inseln im Alltag – Benediktinische Exerzitien
© Vier-Türme GmbH, Verlag, Münsterschwarzach

Jesus versteht das Fasten als einen **Weg** zur inneren Freiheit und zur Freude.

~

DONNERSTAG

13. März

Aus: Fasten – Auf der Suche nach der Quelle des Lebens
© Vier-Türme GmbH, Verlag, Münsterschwarzach

Die **Arbeit** will ein Ort sein, an dem wir Liebe, Geduld, Selbstlosigkeit, Ehrfurcht und Offenheit einüben können.

~

FREITAG

14. März

Aus: Bete und arbeite – Eine christliche Lebensregel
© Vier-Türme GmbH, Verlag, Münsterschwarzach

Manchmal tut es gut,
dem **anderen**
einfach zu danken,
dass er so ist, wie er ist.

~

SAMSTAG

15. März

Aus dem Predigttext »Beziehung und Spiritualität«
© Vier-Türme GmbH, Verlag, Münsterschwarzach

Das Kreuz ist Bild für eine **Spiritualität** der Unvollkommenheit.

~

SONNTAG

16. März

Aus: Das Kreuz – Bild des erlösten Menschen
© Vier-Türme GmbH, Verlag, Münsterschwarzach

Wir brauchen einen zuverlässigen Türhüter, der nur Gedanken einlässt, die uns mit **Frieden** erfüllen.

MONTAG

17. März

Aus: Der Weg durch die Wüste – 40 Weisheitssprüche der Wüstenväter
© Vier-Türme GmbH, Verlag, Münsterschwarzach

Engel sprechen auch
im Traum zu uns.

~

DIENSTAG

18. März

Aus einem Impulstext
© Vier-Türme GmbH, Verlag, Münsterschwarzach

Jesus berührt uns **liebevoll** gerade dort, wo wir verwundet wurden.

~

MITTWOCH

19. März

Aus: Das Sakrament der Taufe
© Vier-Türme GmbH, Verlag, Münsterschwarzach

Im achtsamen Schauen kann man das Unsichtbare sehen.

~

Frühlingsanfang
DONNERSTAG
20. März

Aus: Ruf in die Zeit 09/2013
© Vier-Türme GmbH, Verlag, Münsterschwarzach

Der Weg wachsender Gotteserfahrung ist auch der Weg immer größer werdender **Freiheit.**

~

FREITAG
21. März

Aus einem Predigttext
© Vier-Türme GmbH, Verlag, Münsterschwarzach

Der **Frühling** ist
Bild für die neue Schöpfung,
die uns in der Auferstehung
Jesu aufleuchtet.

~

SAMSTAG

22. März

Aus einem Impulstext
© Vier-Türme GmbH, Verlag, Münsterschwarzach

Rituale halten uns lebendig.

~

SONNTAG

23. März

Aus: Wofür brennst du? – Leidenschaftlich leben
© Vier-Türme GmbH, Verlag, Münsterschwarzach

Dort, wo alles Äußere zerbrochen wird, werden wir aufgebrochen für unser *wahres* Selbst.

~

MONTAG

24. März

Aus: Auf der Suche nach dem inneren Gold
© Vier-Türme GmbH, Verlag, Münsterschwarzach

Der Heilige Geist braucht unser Vertrauen, damit er in uns *wirken* kann.

~

DIENSTAG

25. März

Aus: Die Quelle, die strömt, auch wenn es Nacht ist – Texte zu Pfingsten
© Vier-Türme GmbH, Verlag, Münsterschwarzach

Vergebung

ist ein Akt der Befreiung.
Es bedeutet, dass ich mich
von der negativen Energie
befreie, die durch die
Verletzung in mir ist.

~

MITTWOCH

26. März

Aus: Das glauben wir – Spiritualität für unsere Zeit
© Vier-Türme GmbH, Verlag, Münsterschwarzach

Jesus lädt die Menschen ein,
zu ihm zu kommen,
denn er wird ihnen
Ruhe verschaffen.

~

DONNERSTAG

27. März

Aus: Gier - Auswege aus dem Streben nach immer mehr
© Vier-Türme GmbH, Verlag, Münsterschwarzach

Achte auf deine Worte, dass es **Worte** werden, die das Gute im Menschen ansprechen und wecken.

~

FREITAG

28. März

Aus: Jeder Tag ein Segen
© Vier-Türme GmbH, Verlag, Münsterschwarzach

Fasten soll im Verborgenen und mit der Haltung innerer **Freude** geschehen.

~

SAMSTAG

29. März

Aus: Fasten – Auf der Suche nach der Quelle des Lebens
© Vier-Türme GmbH, Verlag, Münsterschwarzach

Der Prophet Jesaja
verheißt uns:
Gott lässt das Lied
der Gewaltigen verstummen.

~

Beginn der Sommerzeit

SONNTAG

30. März

Aus: Warum musste Abel sterben? – Mordgeschichten
und andere Seltsamkeiten in der Bibel
© Vier-Türme GmbH, Verlag, Münsterschwarzach

Gott ist der, der in mir wohnt und mir so in mir **Heimat** schenkt.

~

MONTAG

31. März

Aus: Die Kraft des Gebets
© Vier-Türme GmbH, Verlag, Münsterschwarzach

Bei aller Brüchigkeit unserer Liebe versiegt die Quelle der göttlichen Liebe nie.

~

DIENSTAG

1. April

Aus dem Predigttext »Beziehung und Spiritualität«
© Vier-Türme GmbH, Verlag, Münsterschwarzach

Es ist wichtig, immer wieder zurückzufinden zu dem Ort der Stille, in den **Grund** meiner Seele, in dem ich ursprünglich und authentisch bin und mich nicht beweisen muss.

MITTWOCH

2. April

Aus: Sag mal, Onkel Willi – Ein Dialog über die großen Fragen des Lebens
© Vier-Türme GmbH, Verlag, Münsterschwarzach

Glauben ist immer ein persönlicher Akt.

~

DONNERSTAG

3. April

Aus: Wie hältst Du's mit der Religion? - 75 Fragen an Anselm Grün
© Vier-Türme GmbH, Verlag, Münsterschwarzach

Gott stellt an uns keine Bedingungen.

~

FREITAG

4. April

Aus: Warum immer ich? – Beziehungsmuster erkennen und aufbrechen
© Vier-Türme GmbH, Verlag, Münsterschwarzach

Der Segen bringt uns das **Gute,** das wir getan haben, zu Bewusstsein.

~

SAMSTAG

5. April

Aus: Segen – Die heilende Kraft
© Vier-Türme GmbH, Verlag, Münsterschwarzach

Die Hoffnung gibt uns die **Gewissheit:** Selbst wenn wir ein Ziel nicht erreichen, wird unser Einsatz nicht umsonst sein.

~

SONNTAG

6. April

Aus: Wofür brennst du? – Leidenschaftlich leben
© Vier-Türme GmbH, Verlag, Münsterschwarzach

Das **Gebet** ist ein Begleiter auf dem Weg zum Grund meiner Seele.

~

MONTAG

7. April

Aus: Gott los werden? – Warum der Glaube den Unglauben braucht
© Vier-Türme GmbH, Verlag, Münsterschwarzach

Gott ist das Du, das uns **anspricht** und dem wir begegnen.

~

DIENSTAG

8. April

Aus: Die Kraft des Gebets
© Vier-Türme GmbH, Verlag, Münsterschwarzach

Verwandlung

geschieht nur dort,
wo jemand mich liebt,
wie ich bin.

~

MITTWOCH

9. April

Aus: Du bist geliebt
© Vier-Türme GmbH, Verlag, Münsterschwarzach

Damit wir Gott erfahren können, braucht es die Stille, **Achtsamkeit** und Langsamkeit.

~

DONNERSTAG

10. April

Aus einem Impulstext
© Vier-Türme GmbH, Verlag, Münsterschwarzach

Bilder legen nicht fest. Sie sind wie ein Fenster, durch das wir in die **Weite** hinausschauen.

~

FREITAG

11. April

Aus: Bilder der Seele – Die heilende Kraft des Jahreskreises
© Vier-Türme GmbH, Verlag, Münsterschwarzach

Gute Spiritualität ist immer auch **Schule** für die Kunst des gelingenden Lebens.

～

SAMSTAG

12. April

Aus: Spirituell Zeit gestalten – mit Benedikt und der Bibel
© Vier-Türme GmbH, Verlag, Münsterschwarzach

Jedes **Fest** ist eine Feier unserer Freude über unser Leben.

~

SONNTAG

13. April

Aus: Alles Gute zum Geburtstag
© Vier-Türme GmbH, Verlag, Münsterschwarzach

Spiritualität drückt sich auch durch konkrete **Ritualė** aus.

~

MONTAG

14. April

Aus dem Predigttext »Beziehung und Spiritualität«
© Vier-Türme GmbH, Verlag, Münsterschwarzach

In der
Dankbarkeit
reichen wir einem Engel
die Hand.

∼

DIENSTAG

15. April

Aus einem Impulstext
© Vier-Türme GmbH, Verlag, Münsterschwarzach

Demut heißt, anzuerkennen, dass man ein Mensch ist, der ständig fallen kann.

~

MITTWOCH

16. April

Aus: Menschen führen - Leben wecken
© Vier-Türme GmbH, Verlag, Münsterschwarzach

Im Schweigen, in der **Stille** lösen sich alle Bilder auf, die wir uns von Gott gemacht haben.

~

Gründonnerstag

DONNERSTAG

17. April

Aus: Wofür brennst du? – Leidenschaftlich leben
© Vier-Türme GmbH, Verlag, Münsterschwarzach

Am Kreuz

umarmt

uns Jesus.

~

Karfreitag

FREITAG

18. April

Aus: Kleine Rituale für den Alltag
© Vier-Türme GmbH, Verlag, Münsterschwarzach

Es gibt keine Liebe ohne **Hingabe.**

Karsamstag

SAMSTAG

19. April

Aus: Geschenke für jeden Tag
© Vier-Türme GmbH, Verlag, Münsterschwarzach

Wir können das Kreuz nur im Blick auf die **Auferstehung** verstehen. Es hat nicht das letzte Wort. Das Ziel ist die Auferstehung.

Ostersonntag
SONNTAG

20. April

Aus: Wie hältst Du's mit der Religion? – 75 Fragen an Anselm Grün
© Vier-Türme GmbH, Verlag, Münsterschwarzach

Die **Liebe** Jesu ist vom Kreuz in die ganze Welt ausgestrahlt.

~

Ostermontag

MONTAG

21. April

Aus: Inseln im Alltag – Benediktinische Exerzitien
© Vier-Türme GmbH, Verlag, Münsterschwarzach

Engel treiben uns an zum
Guten.

~

DIENSTAG

22. April

Aus einem Impulstext
© Vier-Türme GmbH, Verlag, Münsterschwarzach

Der Auferstandene selbst steht uns zur Seite und erfüllt unseren Alltag mit der **Wärme** seiner Liebe und mit dem Licht seiner Auferstehung.

~

MITTWOCH

23. April

Aus: Exerzitien für den Alltag
© Vier-Türme GmbH, Verlag, Münsterschwarzach

Die Einfachheit schenkt mir die **Freiheit** aufzuatmen.

~

DONNERSTAG

24. April

Aus: Damit dein Leben Freiheit atmet – Reinigende Rituale für Körper und Seele
© Vier-Türme GmbH, Verlag, Münsterschwarzach

Jesus selbst ist das **Licht,** das in uns leuchtet.

~

FREITAG

25. April

Aus: Inseln im Alltag – Benediktinische Exerzitien
© Vier-Türme GmbH, Verlag, Münsterschwarzach

Das **Loslassen** von Besitz macht uns offen für andere Menschen.

~

SAMSTAG

26. April

Aus: Ehelos – des Lebens wegen
© Vier-Türme GmbH, Verlag, Münsterschwarzach

Die **Zeit,** die wir miteinander feiernd verbringen, will uns erneuern.

~

SONNTAG

27. April

Aus: Lass dich feiern
© Vier-Türme GmbH, Verlag, Münsterschwarzach

Beziehungen

brauchen immer wieder Stärkung, Erfrischung und Erneuerung.

∽

MONTAG

28. April

Aus dem Predigttext »Beziehung und Spiritualität«
© Vier-Türme GmbH, Verlag, Münsterschwarzach

Die Suche nach dem Sinn führt den Menschen immer schon über sich hinaus auf das **Geheimnis** hin, das wir Gott nennen.

~

DIENSTAG

29. April

Aus: Sag mal, Onkel Willi – Ein Dialog über die großen Fragen des Lebens
© Vier-Türme GmbH, Verlag, Münsterschwarzach

Im Frühjahr **blühen**
die Natur und die Seele auf.

~

MITTWOCH

30. April

Aus einem Impulstext
© Vier-Türme GmbH, Verlag, Münsterschwarzach

Viele Menschen hindert ihre Arbeit daran, sich selbst zu **spüren.**

~

Maifeiertag

DONNERSTAG

1. Mai

Aus: Warum immer ich? – Beziehungsmuster erkennen und aufbrechen
© Vier-Türme GmbH, Verlag, Münsterschwarzach

Glaubende können die *Spuren* Gottes erkennen, die er in diese Welt eingegraben hat.

~

FREITAG

2. Mai

Aus: Wie hältst Du's mit der Religion? – 75 Fragen an Anselm Grün
© Vier-Türme GmbH, Verlag, Münsterschwarzach

Die Erkenntnis, dass wir Schuldige sind, kann zum Gewinn werden, weil sie uns zur **Demut** führt und zur eigenen Wahrheit.

~

SAMSTAG

3. Mai

Aus: Warum immer ich? – Beziehungsmuster erkennen und aufbrechen
© Vier-Türme GmbH, Verlag, Münsterschwarzach

Wo Menschen sich lieben, entsteht ein **Raum** der Liebe, in dem auch andere sich geliebt und zuhause fühlen.

～

SONNTAG

4. Mai

Aus: Die Trauung
© Vier-Türme GmbH, Verlag, Münsterschwarzach

Wenn Du ganz im Augenblick lebst, dann wird Dein ganzes **Leben** zum Gebet.

~

MONTAG

5. Mai

Aus: Wenn ich nicht mehr beten kann
© Vier-Türme GmbH, Verlag, Münsterschwarzach

Das ewige **Leben** wird
ein Leben voller Freude sein.

∽

DIENSTAG

6. Mai

Aus: Leben aus dem Tod
© Vier-Türme GmbH, Verlag, Münsterschwarzach

Geduld bedeutet, dass ich einen anderen ertrage mit seinen Fehlern und Schwächen.

~

MITTWOCH

7. Mai

Aus: Selbstbestimmt im Alter
© Vier-Türme GmbH, Verlag, Münsterschwarzach

Die Bilder unserer Kindheit bringen uns in Berührung mit unserer **Leichtigkeit** und Fröhlichkeit.

~

DONNERSTAG

8. Mai

Aus: Wofür brennst du? – Leidenschaftlich leben
© Vier-Türme GmbH, Verlag, Münsterschwarzach

Still sein heißt: Hören auf die leisen *Impulse* unseres eigenen Herzens.

~

FREITAG

9. Mai

Aus: Warum musste Abel sterben? –
Mordgeschichten und andere Seltsamkeiten in der Bibel
© Vier-Türme GmbH, Verlag, Münsterschwarzach

Gott ist das **Größte,**
was gedacht werden kann.

~

SAMSTAG

10. Mai

Aus: Wie hältst Du's mit der Religion? – 75 Fragen an Anselm Grün
© Vier-Türme GmbH, Verlag, Münsterschwarzach

Engel wirken leise Großes.

~

Muttertag
SONNTAG

11. Mai

Aus einem Impulstext
© Vier-Türme GmbH, Verlag, Münsterschwarzach

Dort, wo Du Dich nach Gott sehnst, bist Du in **Berührung** mit Dir selbst.

~

MONTAG

12. Mai

Aus: Wächter, wie spät in der Nacht? – Wegbegleiter im Advent
© Vier-Türme GmbH, Verlag, Münsterschwarzach

Achtsamkeit
öffnet uns für den Anderen.

~

DIENSTAG
13. Mai

Aus: Das Geheimnis der Begegnung
© Vier-Türme GmbH, Verlag, Münsterschwarzach

Das **Schöne** behalten
wir in unserem Herzen.

~

MITTWOCH

14. Mai

Aus: Bilder der Seele – Die heilende Kraft des Jahreskreises
© Vier-Türme GmbH, Verlag, Münsterschwarzach

Wir können die Gegenwart
Gottes mit allen
Sinnen wahrnehmen.

~

DONNERSTAG

15. Mai

Aus: Gott los werden? – Warum der Glaube den Unglauben braucht
© Vier-Türme GmbH, Verlag, Münsterschwarzach

Rituale schließen die Tür des Alltags und **öffnen** eine Tür zu Gott und mir selbst.

∼

FREITAG

16. Mai

Aus: Spiritualität – Damit mein Leben gelingt
© Vier-Türme GmbH, Verlag, Münsterschwarzach

Wir **erfahren** Gott, wenn wir einfach da sind, ohne uns zu rechtfertigen.

~

SAMSTAG

17. Mai

Aus der Predigt zum Dreifaltigkeitsfest 2016
© Vier-Türme GmbH, Verlag, Münsterschwarzach

Der Segen des **Sonntags** wird uns erfüllen, wenn wir diesen Tag als besonderen Tag feiern und genießen.

~

SONNTAG

18. Mai

Aus: Segen – Die heilende Kraft
© Vier-Türme GmbH, Verlag, Münsterschwarzach

Die Sehnsucht befähigt
uns, den anderen zu
lieben, wenn er oder
sie meinen Erwartungen oder
Ansprüchen nicht genügt.

∿

MONTAG

19. Mai

Aus dem Predigttext »Beziehung und Spiritualität«
© Vier-Türme GmbH, Verlag, Münsterschwarzach

Wir dürfen darauf vertrauen, dass Gott in uns so handelt, dass unser *Leben* eine neue Bedeutung bekommt.

DIENSTAG
20. Mai

Aus: Warum musste Abel sterben? – Mordgeschichten
und andere Seltsamkeiten in der Bibel
© Vier-Türme GmbH, Verlag, Münsterschwarzach

Nur wer einen **Sinn** im Alter erkennt, kann zufrieden und gelöst leben.

~

MITTWOCH

21. Mai

Aus: Selbstbestimmt im Alter
© Vier-Türme GmbH, Verlag, Münsterschwarzach

Gelassenheit

hat mit Loslassen zu tun.

~

DONNERSTAG

22. Mai

Aus: Selbstbestimmt im Alter
© Vier-Türme GmbH, Verlag, Münsterschwarzach

Die Beziehung zu den Dingen zeigt mir *Seiten* an mir, die ich sonst übersehen würde.

~

FREITAG

23. Mai

Aus dem Predigttext »Beziehung und Spiritualität«
© Vier-Türme GmbH, Verlag, Münsterschwarzach

An jeden von uns ist der Ruf
des Schöpfers ergangen:
Ich habe Dich ins
Dasein gerufen.

~

SAMSTAG

24. Mai

Aus dem Predigttext »Beziehung und Spiritualität«
© Vier-Türme GmbH, Verlag, Münsterschwarzach

Der leidenschaftliche Mensch ist fähig, sich für eine Sache zu **begeistern.**

SONNTAG

25. Mai

Aus: Wofür brennst du? – Leidenschaftlich leben
© Vier-Türme GmbH, Verlag, Münsterschwarzach

Die Bibel erzählt davon,
dass die Schöpfung ein
Geheimnis ist
und dass Gott selbst diese
Welt geformt hat.

~

MONTAG

26. Mai

Aus: Sag mal, Onkel Willi – Ein Dialog über die großen Fragen des Lebens
© Vier-Türme GmbH, Verlag, Münsterschwarzach

Die Weisheit will einen **Weg** zeigen, wie wir auf gute Weise leben können.

~

DIENSTAG

27. Mai

Aus: Segen – Die heilende Kraft
© Vier-Türme GmbH, Verlag, Münsterschwarzach

An **heiligen** Orten
wird unser Herz weit und frei.

MITTWOCH

28. Mai

Aus: Ruf in die Zeit 02/2004
© Vier-Türme GmbH, Verlag, Münsterschwarzach

Durch Tod, Auferstehung und Himmelfahrt Jesu ist auch unser Leben und Sterben **verwandelt** worden.

~

Christi Himmelfahrt

DONNERSTAG

29. Mai

Aus: Wie hältst Du's mit der Religion? – 75 Fragen an Anselm Grün
© Vier-Türme GmbH, Verlag, Münsterschwarzach

Du bist **gewollt** und wunderbar gestaltet.

~

FREITAG

30. Mai

Aus: Bilder der Seele – Die heilende Kraft des Jahreskreises
© Vier-Türme GmbH, Verlag, Münsterschwarzach

Demut führt zur inneren Gelassenheit.

~

SAMSTAG

31. Mai

Aus: Das Geheimnis jenseits aller Wege – Was uns eint, was uns trennt
© Vier-Türme GmbH, Verlag, Münsterschwarzach

Wer richtig denkt, der ist auch **dankbar.**

~

SONNTAG

1. Juni

Aus: Segen – Die heilende Kraft
© Vier-Türme GmbH, Verlag, Münsterschwarzach

Wir sollen vor der Türe
unseres **Herzens**
jeden Gedanken,
der eintreten will, befragen,
wer er ist und was er möchte.

MONTAG

2. Juni

Aus: Wächter, wie spät in der Nacht? – Wegbegleiter im Advent
© Vier-Türme GmbH, Verlag, Münsterschwarzach

Achtsam sein heißt: die Wirklichkeit so zu sehen, wie sie ist.

~

DIENSTAG

3. Juni

Aus: Die Kunst, das rechte Maß zu finden
© Vier-Türme GmbH, Verlag, Münsterschwarzach

Der Glaube an die
Vergebung
Gottes soll uns dazu führen, dass wir uns selbst und einander vergeben.

∼

MITTWOCH

4. Juni

Aus dem Predigttext »Beziehung und Spiritualität«
© Vier-Türme GmbH, Verlag, Münsterschwarzach

Der Segen Gottes **entlastet** den Menschen am Abend und schenkt ihm einen gesunden Schlaf.

~

DONNERSTAG

5. Juni

Aus: Segen – Die heilende Kraft
© Vier-Türme GmbH, Verlag, Münsterschwarzach

Ich darf zu meinem Engel sprechen wie zu einem **Freund.**

~

FREITAG

6. Juni

Aus einem Impulstext
© Vier-Türme GmbH, Verlag, Münsterschwarzach

Die **Hoffnung** gibt uns einen langen Atem.

~

SAMSTAG

7. Juni

Aus: Wofür brennst du? – Leidenschaftlich leben
© Vier-Türme GmbH, Verlag, Münsterschwarzach

Der Heilige Geist **verbindet** alles miteinander und erfüllt uns mit neuem Leben.

~

Pfingstsonntag

SONNTAG

8. Juni

Aus: Neu denken – eins werden
© Vier-Türme GmbH, Verlag, Münsterschwarzach

Die **Quelle** des Heiligen Geistes ist in uns. Wir sollten immer wieder damit in Berührung kommen.

~

Pfingstmontag
MONTAG

9. Juni

Aus: Vertraue dem Leben
© Vier-Türme GmbH, Verlag, Münsterschwarzach

Freude bringt in uns etwas in Bewegung.

~

DIENSTAG

10. Juni

Aus: Freu dich am Leben
© Vier-Türme GmbH, Verlag, Münsterschwarzach

Gott wohnt in der **Stille.**

~

MITTWOCH

11. Juni

Aus: Wofür brennst du? – Leidenschaftlich leben
© Vier-Türme GmbH, Verlag, Münsterschwarzach

Dort, wo ich ganz ich **selbst** bin, bin ich unverletzlich.

~

DONNERSTAG

12. Juni

Aus: Bilder der Seele – Die heilende Kraft des Jahreskreises
© Vier-Türme GmbH, Verlag, Münsterschwarzach

Das Kreuz ist für uns Christen der Ort, von dem aus Gott **öffentlich** zu uns allen spricht.

~

FREITAG

13. Juni

Aus: Glaube und Vernunft – Der sinnstiftende Grund von Religion
© Vier-Türme GmbH, Verlag, Münsterschwarzach

Das Grundgesetz des christlichen Lebens ist die **Liebe.**

~

SAMSTAG

14. Juni

Aus: Glaube und Vernunft – Der sinnstiftende Grund von Religion
© Vier-Türme GmbH, Verlag, Münsterschwarzach

Bilder bringen uns in Bewegung.

~

SONNTAG

15. Juni

Aus: Bilder der Seele – Die heilende Kraft des Jahreskreises
© Vier-Türme GmbH, Verlag, Münsterschwarzach

In **allem** ist
das richtige Maß notwendig:
Selbst ein Übermaß
an Spiritualität und Askese
tut dem Menschen nicht gut.

~

MONTAG

16. Juni

Aus: Spirituell Zeit gestalten – mit Benedikt und der Bibel
© Vier-Türme GmbH, Verlag, Münsterschwarzach

Rituale vertiefen die **Beziehungen** zwischen den Menschen und schaffen eine gemeinsame Identität.

~

DIENSTAG

17. Juni

Aus dem Predigttext »Beziehung und Spiritualität«
© Vier-Türme GmbH, Verlag, Münsterschwarzach

Lass Gottes
Schönheit
in Dir wohnen!

~

MITTWOCH

18. Juni

Aus: Neu denken - eins werden
© Vier-Türme GmbH, Verlag, Münsterschwarzach

Das unablässige **Gebet**
ist die Kunst, ganz im
Augenblick zu sein.
Denn Gott ist immer der ganz
und gar gegenwärtige Gott.

~

Fronleichnam
DONNERSTAG

19. Juni

Aus: Wenn ich nicht mehr beten kann
© Vier-Türme GmbH, Verlag, Münsterschwarzach

Das Angebot der
Versöhnung
öffnet dem anderen eine Tür.

~

FREITAG

20. Juni

Aus: Warum immer ich? – Beziehungsmuster erkennen und aufbrechen
© Vier-Türme GmbH, Verlag, Münsterschwarzach

Wirkliche **Lust** am Leben erlebt nur der, der innerlich frei ist.

~

Sommeranfang
SAMSTAG
21. Juni

Aus: Gier – Auswege aus dem Streben nach immer mehr
© Vier-Türme GmbH, Verlag, Münsterschwarzach

Gott möge meinen Schlaf segnen, damit ich mich **loslassen** und in Gottes gute Hände fallen lassen kann.

~

SONNTAG

22. Juni

Aus: Segen – Die heilende Kraft
© Vier-Türme GmbH, Verlag, Münsterschwarzach

Das Leben in der **Natur** soll uns die eigene Lebendigkeit entdecken helfen.

∼

MONTAG

23. Juni

Aus: Heilendes Kirchenjahr – Das Kirchenjahr als Psychodrama
© Vier-Türme GmbH, Verlag, Münsterschwarzach

Es tut uns gut, uns immer wieder an unsere Taufe zu erinnern. Sie ist eine **Grundlage** unserer Persönlichkeit.

~

DIENSTAG

24. Juni

Aus: Glaube und Vernunft – Der sinnstiftende Grund von Religion
© Vier-Türme GmbH, Verlag, Münsterschwarzach

In der Schöpfung sind wir
mit unserem
ganz persönlichen
Namen gerufen.

~

MITTWOCH

25. Juni

Aus: Warum musste Abel sterben? –
Mordgeschichten und andere Seltsamkeiten in der Bibel
© Vier-Türme GmbH, Verlag, Münsterschwarzach

Ich bin nicht verantwortlich für die *Gefühle,* die in mir auftauchen, sondern dafür, wie ich mit ihnen umgehe.

~

DONNERSTAG

26. Juni

Aus dem Predigttext »Beziehung und Spiritualität«
© Vier-Türme GmbH, Verlag, Münsterschwarzach

Begegnung

ist ein Geschehen, das die Begegnenden verwandelt.

∼

FREITAG

27. Juni

Aus: Gebet als Begegnung
© Vier-Türme GmbH, Verlag, Münsterschwarzach

Der **Sanftmütige** nimmt den anderen an, wie er ist.

~

SAMSTAG

28. Juni

Aus: Selbstbestimmt im Alter
© Vier-Türme GmbH, Verlag, Münsterschwarzach

Im Wandern nehme ich **Abstand** vom Alltag und komme bei mir selbst an.

~

SONNTAG

29. Juni

Aus einem Impulstext
© Vier-Türme GmbH, Verlag, Münsterschwarzach

Die **Weisheit** des
Alters besteht darin,
zu unterscheiden,
was zu meinem Alter gehört
und was nicht.

~

MONTAG

30. Juni

Aus: Selbstbestimmt im Alter
© Vier-Türme GmbH, Verlag, Münsterschwarzach

Liebe Leserin,
lieber Leser,

inzwischen ist bereits die Hälfte dieses Jahres vorüber und mein Tageskalender ist Dir hoffentlich zu einem guten Begleiter durch das Jahr geworden.

Dein Tageskalender Momente des Glücks 2026 ist ab sofort in der Buchhandlung in Deiner Nähe oder direkt beim Vier-Türme-Verlag erhältlich.

Dein

Anselm Grün

Vier-Türme-Verlag, 97359 Abtei Münsterschwarzach
Telefon 09324/20 292, Telefax 09324/20 495
E-Mail: info@vier-tuerme.de, www.vier-tuerme.de

Wer **sanft** ist gegenüber den Menschen und den Dingen um sich herum, der zieht andere an.

~

DIENSTAG

1. Juli

Aus: Selbstbestimmt im Alter
© Vier-Türme GmbH, Verlag, Münsterschwarzach

Der **Glaube** befreit uns von den Illusionen, die wir uns über unser Leben gemacht haben.

~

MITTWOCH

2. Juli

Aus einem Predigttext
© Vier-Türme GmbH, Verlag, Münsterschwarzach

Das reine Herz öffnet den Menschen für die göttliche **Liebe** auf dem Grund seiner Seele.

~

DONNERSTAG

3. Juli

Aus: Inseln im Alltag – Benediktinische Exerzitien
© Vier-Türme GmbH, Verlag, Münsterschwarzach

Ein Kuss ist ein schönes Ritual, **täglich** die gegenseitige Liebe auszudrücken.

~

FREITAG

4. Juli

Aus dem Predigttext »Beziehung und Spiritualität«
© Vier-Türme GmbH, Verlag, Münsterschwarzach

Der **Segen** hält zusammen, was wir nicht zusammenbringen.

~

SAMSTAG

5. Juli

Aus: Du bist ein Segen
© Vier-Türme GmbH, Verlag, Münsterschwarzach

In der Demut werde ich frei von meiner Angst.

~

SONNTAG

6. Juli

Aus: Geistliche Begleitung bei den Wüstenvätern
© Vier-Türme GmbH, Verlag, Münsterschwarzach

Im Gebet werden wir manchmal frei von den Masken und Rollen, die unser wahres **Wesen** verstellen.

MONTAG

7. Juli

Aus: Inseln im Alltag – Benediktinische Exerzitien
© Vier-Türme GmbH, Verlag, Münsterschwarzach

Es gibt tausend kleine **Freuden,** die Du täglich erleben kannst.

~

DIENSTAG

8. Juli

Aus: Freu dich am Leben
© Vier-Türme GmbH, Verlag, Münsterschwarzach

Ein wahrer **Freund** nimmt Dich an, wie Du bist.

~

MITTWOCH

9. Juli

Aus: Fasten – Auf der Suche nach der Quelle des Lebens
© Vier-Türme GmbH, Verlag, Münsterschwarzach

Geduld ist die Fähigkeit, etwas zu tragen.

~

DONNERSTAG

10. Juli

Aus: Damit die Welt verwandelt wird – Die sieben Werke der Barmherzigkeit
© Vier-Türme GmbH, Verlag, Münsterschwarzach

Gott ist wie ein **heiliger** Raum,
in dem wir ganz wir selbst
sein dürfen.

~

FREITAG

11. Juli

Aus: Wenn du Gott erfahren willst, öffne deine Sinne
© Vier-Türme GmbH, Verlag, Münsterschwarzach

Jesus **verwandelt**
das Wasser unseres Alltags
in Wein.

~

SAMSTAG

12. Juli

Aus: In Bildern das Geheimnis schauen
© Vier-Türme GmbH, Verlag, Münsterschwarzach

Wenn wir den anderen lieben, können seine Wunden **heilen.**

~

SONNTAG

13. Juli

Aus: Das Hohelied der Liebe
© Vier-Türme GmbH, Verlag, Münsterschwarzach

Bilder wirken auf uns mehr als Worte.

~

MONTAG

14. Juli

Aus: Ruf in die Zeit 09/2012
© Vier-Türme GmbH, Verlag, Münsterschwarzach

Dein Engel zeigt Dir
immer wieder den *Weg*
zum Licht.

~

DIENSTAG

15. Juli

Aus einem Impulstext
© Vier-Türme GmbH, Verlag, Münsterschwarzach

Am Umgang mit den Dingen wird sichtbar, ob wir **spirituelle** Menschen sind oder nicht.

~

MITTWOCH

16. Juli

Aus dem Impulstext »Spiritualität der Landwirtschaft«
© Vier-Türme GmbH, Verlag, Münsterschwarzach

Der Heilige Geist macht uns erst ganz zu dem Menschen, wie Gott ihn sich *gedacht* hat.

DONNERSTAG

17. Juli

Aus: Von der Kraft des Anfangs –
Was wir von den ersten Christen lernen können
© Vier-Türme GmbH, Verlag, Münsterschwarzach

Wenn ich nicht vergebe,
bin ich immer noch
innerlich an den
Menschen gebunden, der
mich verletzt hat.

~

FREITAG

18. Juli

Aus: Warum immer ich? – Beziehungsmuster erkennen und aufbrechen
© Vier-Türme GmbH, Verlag, Münsterschwarzach

In Jesus ist Gottes zärtliche Zuwendung zu den Menschen **sichtbar** erschienen.

~

SAMSTAG

19. Juli

Aus einem Predigttext
© Vier-Türme GmbH, Verlag, Münsterschwarzach

Wir dürfen darauf vertrauen, dass Gott der *tiefere* Grund ist, auf dem wir stehen können, auch wenn alles Äußere wegbricht.

~

SONNTAG

20. Juli

Aus: Vertraue dem Leben
© Vier-Türme GmbH, Verlag, Münsterschwarzach

Tugenden helfen uns, das Alter zu bewältigen.

~

MONTAG

21. Juli

Aus: Selbstbestimmt im Alter
© Vier-Türme GmbH, Verlag, Münsterschwarzach

Durch die verschiedenen Gebärden des Betens wird meine **Beziehung** zu Gott lebendig.

~

DIENSTAG

22. Juli

Aus dem Predigttext »Beziehung und Spiritualität«
© Vier-Türme GmbH, Verlag, Münsterschwarzach

Das Leben und die Schönheit, die wir in der **Natur** erfahren, sind auch in uns.

~

MITTWOCH

23. Juli

Aus: Ehelos – des Lebens wegen
© Vier-Türme GmbH, Verlag, Münsterschwarzach

Gott allein weiß, wo unser **Lebensweg** hinführt.

~

DONNERSTAG

24. Juli

Aus: In Bildern das Geheimnis schauen
© Vier-Türme GmbH, Verlag, Münsterschwarzach

Die Zehn Gebote sind
Wegweiser,
wie das Leben des Einzelnen und einer Gemeinschaft gelingt.

∼

FREITAG

25. Juli

Aus: Wie hältst Du's mit der Religion? – 75 Fragen an Anselm Grün
© Vier-Türme GmbH, Verlag, Münsterschwarzach

Achtsamkeit

ist eine Einladung, besser für sich zu sorgen, sich mehr zu entspannen und zu erholen.

~

SAMSTAG

26. Juli

Aus: Rituale der Achtsamkeit
© Vier-Türme GmbH, Verlag, Münsterschwarzach

Verbindlichkeit und Verantwortung gehören **zusammen.**

SONNTAG

27. Juli

Aus dem Predigttext »Beziehung und Spiritualität«
© Vier-Türme GmbH, Verlag, Münsterschwarzach

Treue gibt Partnern einen festen Grund, auf dem sie stehen können.

~

MONTAG

28. Juli

Aus dem Predigttext »Beziehung und Spiritualität«
© Vier-Türme GmbH, Verlag, Münsterschwarzach

Auf dem Grund Deiner **Seele** findest Du Versöhnung.

~

DIENSTAG
29. Juli

Aus: Jeder Tag ein Segen
© Vier-Türme GmbH, Verlag, Münsterschwarzach

Stille erfüllt uns mit einer neuen inneren Kraft.

∽

MITTWOCH

30. Juli

Aus: Wofür brennst du? – Leidenschaftlich leben
© Vier-Türme GmbH, Verlag, Münsterschwarzach

Weise werden wir durch die Begegnungen mit anderen Menschen.

~

DONNERSTAG

31. Juli

Aus: Stille im Rhythmus des Lebens
© Vier-Türme GmbH, Verlag, Münsterschwarzach

Wer sich von den Erwartungen anderer löst, der erfährt die **Freiheit** als Weg zu innerer Unabhängigkeit, Zufriedenheit und Glück.

~

FREITAG

1. August

Aus: Selbstbestimmt im Alter
© Vier-Türme GmbH, Verlag, Münsterschwarzach

Engel **berühren** uns wie warme Sonnenstrahlen auf der Haut.

~

SAMSTAG

2. August

Aus einem Impulstext
© Vier-Türme GmbH, Verlag, Münsterschwarzach

Der Glaube legt Gott nicht fest, sondern **öffnet** uns für das Geheimnis, das jenseits aller Worte und Bilder ist.

~

SONNTAG

3. August

Aus: Selbstbestimmt im Alter
© Vier-Türme GmbH, Verlag, Münsterschwarzach

Es gehört zur **Reifung** des Menschen, seine eigene Schuld zu erkennen.

~

MONTAG

4. August

Aus: Warum immer ich? – Beziehungsmuster erkennen und aufbrechen
© Vier-Türme GmbH, Verlag, Münsterschwarzach

Rituale und ein guter Lebensrhythmus sind ein Ort, um selbst Segen zu erfahren.

~

DIENSTAG

5. August

Aus: Selbstbestimmt im Alter
© Vier-Türme GmbH, Verlag, Münsterschwarzach

Die Nähe Gottes im Gebet
zu erfahren, bedeutet immer
auch die Bereitschaft,
sich mit den Menschen zu
versöhnen,
mit denen wir leben.

~

MITTWOCH

6. August

Aus: Warum immer ich? – Beziehungsmuster erkennen und aufbrechen
© Vier-Türme GmbH, Verlag, Münsterschwarzach

Die Sehnsucht nach wahrer **Freude** ist immer auch die Sehnsucht nach Gott.

~

DONNERSTAG

7. August

Aus: Freu dich am Leben
© Vier-Türme GmbH, Verlag, Münsterschwarzach

Das Verliebtsein bringt mich in Berührung mit der Quelle **göttlicher** Liebe, die in mir strömt.

~

FREITAG

8. August

Aus dem Predigttext »Beziehung und Spiritualität«
© Vier-Türme GmbH, Verlag, Münsterschwarzach

In einer Welt, die nach Wirtschaftlichkeit beurteilt, ist Gott der **Freiraum**, der uns atmen lässt.

SAMSTAG

9. August

Aus: Das glauben wir – Spiritualität für unsere Zeit
© Vier-Türme GmbH, Verlag, Münsterschwarzach

Wir dürfen Gott **bitten,** dass er auch im Alltag für uns sorgt.

~

SONNTAG

10. August

Aus: Vaterunser – Eine Hilfe zum richtigen Leben
© Vier-Türme GmbH, Verlag, Münsterschwarzach

Christliches Leben ist nur im
Miteinander
möglich.

~

MONTAG

11. August

Aus: Gemeinsam Gott suchen
© Vier-Türme GmbH, Verlag, Münsterschwarzach

Indem wir unseren Blick auf etwas **Höheres** richten, können wir auch unser eigenes Leben angemessener betrachten.

~

DIENSTAG

12. August

Aus: Von der Kraft des Anfangs – Was wir von den ersten Christen lernen können
© Vier-Türme GmbH, Verlag, Münsterschwarzach

Jede *stille* Reise führt in den Raum zu sich selbst.

~

MITTWOCH

13. August

Aus einem Impulstext
© Vier-Türme GmbH, Verlag, Münsterschwarzach

Gott ist das **Urschöne,** das sich uns in der Schönheit zeigt.

~

DONNERSTAG

14. August

Aus: Gott los werden? – Warum der Glaube den Unglauben braucht
© Vier-Türme GmbH, Verlag, Münsterschwarzach

Keine Beziehung kommt ohne **Hingabe** aus.

~

Mariä Himmelfahrt

FREITAG

15. August

Aus dem Predigttext »Beziehung und Spiritualität«
© Vier-Türme GmbH, Verlag, Münsterschwarzach

Lass Dich am Abend
dankbar von der erholsamen
Ruhe der Nacht wie
von einer Decke einhüllen.

~

SAMSTAG

16. August

Aus: Rituale der Stille
© Vier-Türme GmbH, Verlag, Münsterschwarzach

Heimat entsteht dort, wo wir Freude und Leid miteinander teilen.

~

SONNTAG

17. August

Aus: Wo ich zu Hause bin – Von der Sehnsucht nach Heimat
© Vier-Türme GmbH, Verlag, Münsterschwarzach

Achtsamkeit
macht das Leben intensiver.
~

MONTAG

18. August

Aus: Die Kunst, das rechte Maß zu finden
© Vier-Türme GmbH, Verlag, Münsterschwarzach

Ein spirituelles Leben **entlastet** mich von übertriebenen Erwartungen.

~

DIENSTAG

19. August

Aus dem Predigttext »Beziehung und Spiritualität«
© Vier-Türme GmbH, Verlag, Münsterschwarzach

Der Heilige Geist will
alle Menschen aufrichten,
trösten und **heilen.**

MITTWOCH
20. August

Aus: In Bildern das Geheimnis schauen
© Vier-Türme GmbH, Verlag, Münsterschwarzach

Die **Liebe** der Natur
zeigt die Liebe Gottes,
die Liebe des Schöpfers.

~

DONNERSTAG

21. August

Aus: Auf der Suche nach dem inneren Gold
© Vier-Türme GmbH, Verlag, Münsterschwarzach

Habe keine Angst vor Leidenschaften, sondern entdecke und lebe die positive **Kraft** darin, dass das Feuer der Leidenschaft wieder neu zu brennen beginnt.

FREITAG

22. August

Aus: Wofür brennst du? – Leidenschaftlich leben
© Vier-Türme GmbH, Verlag, Münsterschwarzach

Die **Worte** der Bibel wollen uns zum guten Leben führen.

~

SAMSTAG

23. August

Aus einem Predigttext
© Vier-Türme GmbH, Verlag, Münsterschwarzach

In der **Taufe** wurde uns der Heilige Geist zur Seite gestellt.

~

SONNTAG

24. August

Aus: Glaube und Vernunft – Der sinnstiftende Grund von Religion
© Vier-Türme GmbH, Verlag, Münsterschwarzach

Es braucht bereits eine **Ahnung** um mich selbst, damit ich dem Du begegnen kann.

~

MONTAG

25. August

Aus dem Predigttext »Beziehung und Spiritualität«
© Vier-Türme GmbH, Verlag, Münsterschwarzach

Ich verzichte heute darauf,
andere zu kritisieren und sie
verändern zu wollen.
Ich schaue nur auf mich,
was sich in mir
wandeln möchte.

~

DIENSTAG

26. August

Aus: Vertraue dem Leben
© Vier-Türme GmbH, Verlag, Münsterschwarzach

Geduld ist die
Wurzel
aller Tugenden.

~

MITTWOCH

27. August

Aus: Selbstbestimmt im Alter
© Vier-Türme GmbH, Verlag, Münsterschwarzach

Das Heute ist wichtig.
Dieser eine
Augenblick
ist wichtig.

~

DONNERSTAG

28. August

Aus: Was uns leben lässt – Biblische Weisheiten für den Alltag
© Vier-Türme GmbH, Verlag, Münsterschwarzach

Von **Worten**, die andere zu uns sprechen, können wir leben.

~

FREITAG

29. August

Aus: Gier – Auswege aus dem Streben nach immer mehr
© Vier-Türme GmbH, Verlag, Münsterschwarzach

Das Ziel von persönlicher Verwandlung ist, immer mehr ich *selbst* zu werden.

~

SAMSTAG

30. August

Aus: Glaube und Vernunft – Der sinnstiftende Grund von Religion
© Vier-Türme GmbH, Verlag, Münsterschwarzach

Das Aufgehen der Sonne am Morgen, das strahlende **Licht** eines hellen Sommertages und das milde Abendlicht sind Bilder für das Licht, das Gott selbst ist.

~

SONNTAG

31. August

Aus: Der Seele Raum geben
© Vier-Türme GmbH, Verlag, Münsterschwarzach

Wir können
dem **Nächsten**
zum Engel werden.

~

MONTAG

1. September

Aus einem Impulstext
© Vier-Türme GmbH, Verlag, Münsterschwarzach

Der Glaube sagt uns, dass wir bedingungslos von Gott **angenommen** sind.

~

DIENSTAG

2. September

Aus: Glaube und Vernunft – Der sinnstiftende Grund von Religion
© Vier-Türme GmbH, Verlag, Münsterschwarzach

Wir werden das Altwerden nur dann gut meistern, wenn wir die Tugend der

Dankbarkeit

lernen.

~

MITTWOCH

3. September

Aus: Selbstbestimmt im Alter
© Vier-Türme GmbH, Verlag, Münsterschwarzach

Gottes Segen möge Dich **einhüllen** wie ein schützender Mantel.

~

DONNERSTAG

4. September

Aus: Jeder Tag ein Segen
© Vier-Türme GmbH, Verlag, Münsterschwarzach

Das **Wesen** der Liebe besteht darin, sich hinzugeben.

~

FREITAG

5. September

Aus: Die Heilkraft der Natur – Kräuter, Mythen und Rituale im Jahreskreis
© Vier-Türme GmbH, Verlag, Münsterschwarzach

Ich bin **wertvoll,**

ganz gleich, wie es mir geht.

∼

SAMSTAG

6. September

Aus: Selbstbestimmt im Alter
© Vier-Türme GmbH, Verlag, Münsterschwarzach

Wir können unseren Alltag nur **bestehen,** wenn wir wissen, dass er nicht alles im Leben ist.

~

SONNTAG

7. September

Aus: Exerzitien für den Alltag
© Vier-Türme GmbH, Verlag, Münsterschwarzach

Gott ist der ewig Neue, der uns erneuert, wenn wir träge geworden sind.

∼

MONTAG

8. September

Aus: Wenn ich rufe, gib mir Antwort – Psalmen, die mein Leben begleiten
© Vier-Türme GmbH, Verlag, Münsterschwarzach

In der **Demut** bekommen wir wieder Boden unter den Füßen.

~

DIENSTAG

9. September

Aus: Wofür brennst du? – Leidenschaftlich leben
© Vier-Türme GmbH, Verlag, Münsterschwarzach

Frieden entsteht nur dort, wo wir die Menschen lieben und sie schützen.

~

MITTWOCH

10. September

Aus: Geschenke für jeden Tag
© Vier-Türme GmbH, Verlag, Münsterschwarzach

Achtsamkeit ist
die Kunst, ganz im
Augenblick
zu sein.

～

DONNERSTAG

11. September

Aus einem Impulstext
© Vier-Türme GmbH, Verlag, Münsterschwarzach

In der *reinen* Stille
vor Gott hören die Gedanken
über Gott auf.

~

FREITAG

12. September

Aus: Der Weg durch die Wüste – 40 Weisheitssprüche der Wüstenväter
© Vier-Türme GmbH, Verlag, Münsterschwarzach

Heilig ist das, was meinem Zugriff entzogen ist.

~

SAMSTAG

13. September

Aus dem Predigttext »Beziehung und Spiritualität«
© Vier-Türme GmbH, Verlag, Münsterschwarzach

Es gibt keine Schuld, die uns von Gott trennt. Denn Gott selbst hat am Kreuz die **Menschen** mit sich versöhnt.

～

SONNTAG

14. September

Aus: Glaube und Vernunft – Der sinnstiftende Grund von Religion
© Vier-Türme GmbH, Verlag, Münsterschwarzach

Die *spirituelle* Dimension in Beziehungen drückt sich in Ritualen aus.

MONTAG

15. September

Aus dem Predigttext »Beziehung und Spiritualität«
© Vier-Türme GmbH, Verlag, Münsterschwarzach

Tugenden sind eine **Quelle** von Kraft für unser Leben.

~

DIENSTAG

16. September

Aus: Selbstbestimmt im Alter
© Vier-Türme GmbH, Verlag, Münsterschwarzach

Im **Traum** eröffnet uns unsere Seele ganz neue Horizonte.

~

MITTWOCH

17. September

Aus: Träume auf dem geistlichen Weg
© Vier-Türme GmbH, Verlag, Münsterschwarzach

Gottes Liebe macht Dich *schön.*

~

DONNERSTAG

18. September

Aus: Du bist geliebt
© Vier-Türme GmbH, Verlag, Münsterschwarzach

Zum Leben gehört Hoffnung.
Ohne **Hoffnung**
kann kein Mensch leben.

~

FREITAG

19. September

Aus dem Impulstext »Spiritualität der Landwirtschaft«
© Vier-Türme GmbH, Verlag, Münsterschwarzach

Vertrauen bedeutet, das Bekannte und Vertraute loszulassen, um sich auf **Neues** einzulassen.

~

SAMSTAG

20. September

Aus: Vertraue dem Leben
© Vier-Türme GmbH, Verlag, Münsterschwarzach

Die Natur ist ein **Buch,** aus dem wir ständig Gottes Wort lesen können.

~

SONNTAG

21. September

Aus: Der Weg durch die Wüste – 40 Weisheitssprüche der Wüstenväter
© Vier-Türme GmbH, Verlag, Münsterschwarzach

Im Alter ist die **Sanftmut** eine Tugend, die den Menschen krönt.

~

Herbstanfang
MONTAG

22. September

Aus: Selbstbestimmt im Alter
© Vier-Türme GmbH, Verlag, Münsterschwarzach

Gott führt uns *immer* auch in die eigene Wahrheit.

~

DIENSTAG

23. September

Aus: Tabernakulum – Innere Liturgie
© Vier-Türme GmbH, Verlag, Münsterschwarzach

Wer Verantwortung übernimmt, der wird **bescheiden.**

~

MITTWOCH

24. September

Aus dem Predigttext »Beziehung und Spiritualität«
© Vier-Türme GmbH, Verlag, Münsterschwarzach

Es gibt keine Erstarrung, die nicht aufgebrochen werden kann. Es gibt keinen Tod, der nicht zum Leben **verwandelt** werden kann.

∽

DONNERSTAG

25. September

Aus: Versäume nicht dein Leben
© Vier-Türme GmbH, Verlag, Münsterschwarzach

Die frohe **Botschaft** des Evangeliums gilt allen Menschen.

~

FREITAG

26. September

Aus: Von der Kraft des Anfangs –
Was wir von den ersten Christen lernen können
© Vier-Türme GmbH, Verlag, Münsterschwarzach

Heilung muss nicht immer so aussehen, wie wir uns das vorstellen.

∾

SAMSTAG

27. September

Aus: Segen – Die heilende Kraft
© Vier-Türme GmbH, Verlag, Münsterschwarzach

Worte, die andere zu mir sprechen, können meine Seele **wahrhaft** nähren.

∼

SONNTAG

28. September

Aus: Gier – Auswege aus dem Streben nach immer mehr
© Vier-Türme GmbH, Verlag, Münsterschwarzach

Die *Gedanken* über die Dinge bestimmen unser Erleben.

~

MONTAG

29. September

Aus einem Predigttext
© Vier-Türme GmbH, Verlag, Münsterschwarzach

Kontemplation meint, durch das Chaos der Gedanken und Gefühle in den **inneren** Raum der Stille zu gelangen.

~

DIENSTAG

30. September

Aus: Das glauben wir – Spiritualität für unsere Zeit
© Vier-Türme GmbH, Verlag, Münsterschwarzach

Viele Menschen arbeiten, um sich **selbst** aus dem Weg zu gehen.

~

MITTWOCH

1. Oktober

Aus: Warum immer ich? – Beziehungsmuster erkennen und aufbrechen
© Vier-Türme GmbH, Verlag, Münsterschwarzach

Der **Engel** spricht Dir zu: »Du bist gehalten!«

~

DONNERSTAG

2. Oktober

Aus einem Impulstext
© Vier-Türme GmbH, Verlag, Münsterschwarzach

Segen ist die freundliche **Zuwendung** zu einem Gegenüber.

~

Tag der Deutschen Einheit

FREITAG

3. Oktober

Aus: Segen – Die heilende Kraft
© Vier-Türme GmbH, Verlag, Münsterschwarzach

Der Glaube schenkt Menschen eine **Würde,** die unabhängig ist von Leistung oder Gesundheit.

~

SAMSTAG

4. Oktober

Aus: Selbstbestimmt im Alter
© Vier-Türme GmbH, Verlag, Münsterschwarzach

Der Herr erfülle Dich mit **seiner** Liebe, wenn Deine Liebe zu zerrinnen droht.

~

Erntedank
SONNTAG

5. Oktober

Aus: Segne meinen Tag vom Morgen bis zum Abend
© Vier-Türme GmbH, Verlag, Münsterschwarzach

Gott **vergibt** uns unsere Schuld.

~

MONTAG

6. Oktober

Aus: Warum immer ich? – Beziehungsmuster erkennen und aufbrechen
© Vier-Türme GmbH, Verlag, Münsterschwarzach

Vertrauen in das Leben gründet nicht nur auf unserem **Vertrauen** auf Gott. Es gründet auch auf den Erfahrungen, die wir als Kind gemacht haben.

~

DIENSTAG

7. Oktober

Aus: Vertraue dem Leben
© Vier-Türme GmbH, Verlag, Münsterschwarzach

Gotteserfahrung ist nicht denen vorbehalten, die sich ganz aus der Welt zurückgezogen haben, sondern sie ist für *jeden* möglich, auch mitten im Trubel des Alltags.

∼

MITTWOCH

8. Oktober

Aus: Bete und arbeite – Eine christliche Lebensregel
© Vier-Türme GmbH, Verlag, Münsterschwarzach

Das Schweigen vor Gott heißt,

die innere **Freiheit**

in Dir zu entdecken.

~

DONNERSTAG

9. Oktober

Aus: Wenn ich nicht mehr beten kann
© Vier-Türme GmbH, Verlag, Münsterschwarzach

Gott ist der **Grund** allen Seins.

~

FREITAG

10. Oktober

Aus: Wie hältst Du's mit der Religion? – 75 Fragen an Anselm Grün
© Vier-Türme GmbH, Verlag, Münsterschwarzach

Im Abendrot, das am Abend aufleuchtet, können wir den *Glanz* des Schöpfers erahnen.

∽

SAMSTAG

11. Oktober

Aus: Ein Licht auf deinem Weg
© Vier-Türme GmbH, Verlag, Münsterschwarzach

Glück finde ich nur dort, wo ich im Einklang bin mit mir selbst und wo ich in einem Größeren geborgen bin.

~

SONNTAG

12. Oktober

Aus: Sag mal, Onkel Willi – Ein Dialog über die großen Fragen des Lebens
© Vier-Türme GmbH, Verlag, Münsterschwarzach

Die Spiritualität möchte das ganz **konkrete** Leben durchdringen und verwandeln.

~

MONTAG

13. Oktober

Aus dem Predigttext »Beziehung und Spiritualität«
© Vier-Türme GmbH, Verlag, Münsterschwarzach

Wenn wir um das innere **Heiligtum** in uns wissen, dann erleben wir uns als schön und wertvoll.

~

DIENSTAG

14. Oktober

Aus: Inseln im Alltag – Benediktinische Exerzitien
© Vier-Türme GmbH, Verlag, Münsterschwarzach

Rituale sind der Ort,
wo **Gefühle**
ausgedrückt werden,
die sonst nie ausgedrückt
werden.

~

MITTWOCH

15. Oktober

Aus dem Predigttext »Beziehung und Spiritualität«
© Vier-Türme GmbH, Verlag, Münsterschwarzach

Fehlerfrei zu sein ist eine
Illusion.

DONNERSTAG

16. Oktober

Aus: Von Wahrheit und Wahrhaftigkeit
© Vier-Türme GmbH, Verlag, Münsterschwarzach

Wir sind **mehr** als unsere Lebensgeschichte.

FREITAG

17. Oktober

Aus einem Predigttext
© Vier-Türme GmbH, Verlag, Münsterschwarzach

Vertrauen

braucht immer auch einen Sinn für die Realität.

~

SAMSTAG

18. Oktober

Aus dem Predigttext »Beziehung und Spiritualität«
© Vier-Türme GmbH, Verlag, Münsterschwarzach

Die **Natur** taucht im Herbst das Alter in ein schönes und mildes Licht.

~

SONNTAG

19. Oktober

Aus einem Impulstext
© Vier-Türme GmbH, Verlag, Münsterschwarzach

Ich kann nur dann gut
Menschen **führen,**
wenn ich sie liebe.

~

MONTAG
20. Oktober

Aus: Macht – Eine verführerische Kraft
© Vier-Türme GmbH, Verlag, Münsterschwarzach

In meinem Seelengrund liegen neue Möglichkeiten des Lebens und des **Seins** in mir bereit.

~

DIENSTAG

21. Oktober

Aus: Selbstbestimmt im Alter
© Vier-Türme GmbH, Verlag, Münsterschwarzach

In *jedem* von uns
ist ein guter Kern,
ein göttlicher Kern.

MITTWOCH

22. Oktober

Aus dem Predigttext »Beziehung und Spiritualität«
© Vier-Türme GmbH, Verlag, Münsterschwarzach

Die Weite des Himmels
ist ein Bild für
die **Güte** Gottes.

∼

DONNERSTAG

23. Oktober

Aus einem Impulstext
© Vier-Türme GmbH, Verlag, Münsterschwarzach

Ein **gutes** Wort schenkt uns Wärme und Geborgenheit.

~

FREITAG

24. Oktober

Aus einem Impulstext
© Vier-Türme GmbH, Verlag, Münsterschwarzach

In der Partnerschaft braucht es immer wieder die **Begegnung.**

SAMSTAG

25. Oktober

Aus dem Predigttext »Beziehung und Spiritualität«
© Vier-Türme GmbH, Verlag, Münsterschwarzach

Wir können unsere Angst und unsere Gefühle **verwandeln.**

~

Ende der Sommerzeit
SONNTAG
26. Oktober

Aus: Trau dich, neu zu werden
© Vier-Türme GmbH, Verlag, Münsterschwarzach

Tugenden sind Werte,
die unser Leben
wertvoll machen
und unsere Würde schützen.

~

MONTAG

27. Oktober

Aus: Selbstbestimmt im Alter
© Vier-Türme GmbH, Verlag, Münsterschwarzach

Wer ganz im Augenblick lebt, der kann ihn verkosten, **genießen,** für den wird die Erfahrung zugleich zur Erfahrung des vollen Lebens, des Lebens in Fülle.

~

DIENSTAG

28. Oktober

Aus: Die Kunst, das rechte Maß zu finden
© Vier-Türme GmbH, Verlag, Münsterschwarzach

Der Tanz **verzaubert** den Menschen.

~

MITTWOCH

29. Oktober

Aus: Sammle deine Kraft – Spirituelle und therapeutische Erfahrungen
© Vier-Türme GmbH, Verlag, Münsterschwarzach

Wenn wir mit der inneren Heimat in Berührung kommen, entdecken wir, dass in uns bereits ein Raum ist, in dem wir *heil* und ganz sind. Dort kann uns niemand verletzen.

DONNERSTAG

30. Oktober

Aus: Wo ich zu Hause bin – Von der Sehnsucht nach Heimat
© Vier-Türme GmbH, Verlag, Münsterschwarzach

Vergebung und Versöhnung sind nicht nur für uns Christen eine ständige Herausforderung, sondern für alle Menschen die **Bedingung** für ein gelingendes Miteinander.

~

Reformationstag
FREITAG

31. Oktober

Aus: Warum immer ich? – Beziehungsmuster erkennen und aufbrechen
© Vier-Türme GmbH, Verlag, Münsterschwarzach

Allerheiligen feiern wir, damit in uns die

Sehnsucht

nach der Gemeinschaft der Heiligen geweckt wird.

~

Allerheiligen

SAMSTAG

1. November

Aus: Die Heilkraft der Natur – Kräuter, Mythen und Rituale im Jahreskreis
© Vier-Türme GmbH, Verlag, Münsterschwarzach

Wenn ein Engel bei uns ist und über unser Gebet **schützend** wacht, dann wird unser Herz in Gott ruhig, wir sind zum reinen Gebet gelangt.

Allerseelen

SONNTAG

2. November

Aus: Der Weg durch die Wüste – 40 Weisheitssprüche der Wüstenväter
© Vier-Türme GmbH, Verlag, Münsterschwarzach

Wer aus dem Selbst, aus der inneren **Mitte** heraus arbeitet, dessen Tun bringt Segen.

∼

MONTAG

3. November

Aus: Wie hältst Du's mit der Religion? – 75 Fragen an Anselm Grün
© Vier-Türme GmbH, Verlag, Münsterschwarzach

Der Mensch weiß in seiner Seele schon von der **Kraft** der Liebe, ehe er sie erfahren hat.

~

DIENSTAG

4. November

Aus: Das Hohelied der Liebe
© Vier-Türme GmbH, Verlag, Münsterschwarzach

Geduld ist vor allem die Tugend des Miteinanders.

~

MITTWOCH

5. November

Aus: Selbstbestimmt im Alter
© Vier-Türme GmbH, Verlag, Münsterschwarzach

Wir sollten uns immer wieder darüber bewusst werden, wie vielen **guten** Menschen wir in unserem Alltag begegnen.

~

DONNERSTAG

6. November

Aus: Vertraue dem Leben
© Vier-Türme GmbH, Verlag, Münsterschwarzach

Gott ist der Unerschöpfliche,

mit dem wir **nie**

zu Ende kommen.

~

FREITAG

7. November

Aus: Was kommt nach dem Tod?
© Vier-Türme GmbH, Verlag, Münsterschwarzach

Dort, wo wir **Versöhnung** stiften, bauen wir am Reich Gottes in dieser Welt mit.

~

SAMSTAG

8. November

Aus: Vaterunser – Eine Hilfe zum richtigen Leben
© Vier-Türme GmbH, Verlag, Münsterschwarzach

Jeder von uns ist ein einmaliges **Bild** Gottes.

SONNTAG

9. November

Aus: Selbstbestimmt im Alter
© Vier-Türme GmbH, Verlag, Münsterschwarzach

Spiritualität heißt:
Ich stelle mich meinen
Gefühlen
und Bedürfnissen.

∼

MONTAG

10. November

Aus dem Predigttext »Beziehung und Spiritualität«
© Vier-Türme GmbH, Verlag, Münsterschwarzach

Im **Singen** drückt sich unsere Sehnsucht aus.

~

St. Martin

DIENSTAG

11. November

Aus einem Impulstext
© Vier-Türme GmbH, Verlag, Münsterschwarzach

Wirkliche Lust am Leben erlebt nur der, der das sucht, was ihm *wahren* Frieden bringt.

~

MITTWOCH

12. November

Aus: Gier – Auswege aus dem Streben nach immer mehr
© Vier-Türme GmbH, Verlag, Münsterschwarzach

Wir sollen die Menschen mit **kreativen** Gedanken und kreativem Lebensstil inspirieren.

~

DONNERSTAG

13. November

Aus: Vertraue dem Leben
© Vier-Türme GmbH, Verlag, Münsterschwarzach

Beim Lesen tauche ich
in eine andere Welt ein,
das bewirkt schon eine
Verwandlung
in mir.

∼

FREITAG

14. November

Aus: Vertraue dem Leben
© Vier-Türme GmbH, Verlag, Münsterschwarzach

Um Dich leidenschaftlich für andere einzusetzen, musst Du nicht warten – die **Quelle** liegt in Dir!

~

SAMSTAG

15. November

Aus: Wofür brennst du? – Leidenschaftlich leben
© Vier-Türme GmbH, Verlag, Münsterschwarzach

Jeder **Klang** kommt aus der Stille und führt in die Stille.

~

SONNTAG

16. November

Aus einem Impulstext
© Vier-Türme GmbH, Verlag, Münsterschwarzach

Ein alter Mensch hat eine besondere Nähe zum Ewigen, sodass er im **Blick** auf Gott das Irdische relativieren kann.

~

MONTAG

17. November

Aus: Selbstbestimmt im Alter
© Vier-Türme GmbH, Verlag, Münsterschwarzach

Eine Beziehung bleibt nur **lebendig,** wenn sie sich wandelt.

~

DIENSTAG

18. November

Aus: Selbstbestimmt im Alter
© Vier-Türme GmbH, Verlag, Münsterschwarzach

Die Einsicht, dass wir schuldig geworden sind, will uns nicht lähmen, sondern uns dazu herausfordern, unser Leben zu **ändern.**

~

Buß- und Bettag
MITTWOCH

19. November

Aus: Warum immer ich? – Beziehungsmuster erkennen und aufbrechen
© Vier-Türme GmbH, Verlag, Münsterschwarzach

Gott **spricht** nicht nur durch Menschen zu uns und nicht nur durch die Bibel, sondern auch durch Dinge.

~

DONNERSTAG

20. November

Aus: Segen – Die heilende Kraft
© Vier-Türme GmbH, Verlag, Münsterschwarzach

In der Taufe werden wir mit **neuem** Leben erfüllt.

~

FREITAG

21. November

Aus einem Predigttext
© Vier-Türme GmbH, Verlag, Münsterschwarzach

Die Spur der
Lebendigkeit
ist die göttliche Spur
in unserem Leben.

~

SAMSTAG

22. November

Aus einem Predigttext
© Vier-Türme GmbH, Verlag, Münsterschwarzach

Weisheit ist die Bedingung dafür, dass das Leben gelingt.

~

SONNTAG

23. November

Aus: Segen – Die heilende Kraft
© Vier-Türme GmbH, Verlag, Münsterschwarzach

Gefühle,

die wir zeigen, machen uns sympathisch.

MONTAG

24. November

Aus: Vertraue dem Leben
© Vier-Türme GmbH, Verlag, Münsterschwarzach

Liebe und Sexualität zeigen uns, dass wir in unserem **Menschsein** wesentlich auf andere Menschen bezogen sind.

~

DIENSTAG

25. November

Aus dem Predigttext »Beziehung und Spiritualität«
© Vier-Türme GmbH, Verlag, Münsterschwarzach

Ein gutes **Miteinander** braucht Rituale.

~

MITTWOCH

26. November

Aus: Für euch zwei
© Vier-Türme GmbH, Verlag, Münsterschwarzach

Verantwortung heißt, dass ich mich infrage stellen lasse und auf die **Fragen** antworte.

DONNERSTAG

27. November

Aus dem Predigttext »Beziehung und Spiritualität«
© Vier-Türme GmbH, Verlag, Münsterschwarzach

Der **Traum** beschreibt mir in Bildern, wie es um mich steht.

~

FREITAG

28. November

Aus: Träume auf dem geistlichen Weg
© Vier-Türme GmbH, Verlag, Münsterschwarzach

Klagen ist nicht Jammern.
Im Jammern kreise ich nur
um mich. In der **Klage**
richte ich meine Not an Gott.

SAMSTAG

29. November

Aus einem Predigttext
© Vier-Türme GmbH, Verlag, Münsterschwarzach

Engel **begleiten** uns durch die Adventszeit zur Krippe hin.

~

1. Advent

SONNTAG

30. November

Aus einem Impulstext
© Vier-Türme GmbH, Verlag, Münsterschwarzach

In unseren dunklen
Stunden spricht unser Engel
behutsame Worte
zu uns.

~

MONTAG

1. Dezember

Aus einem Impulstext
© Vier-Türme GmbH, Verlag, Münsterschwarzach

Achtsamkeit ist der Weg, auf dem ich die **Einheit** von Gott und Mensch und von Mensch und Schöpfung erfahren kann.

~

DIENSTAG

2. Dezember

Aus: Die Kunst, das rechte Maß zu finden
© Vier-Türme GmbH, Verlag, Münsterschwarzach

Alles wird anders in meinem Leben, wenn ich daran **glaube,** dass Gott in alle Seitenstraßen meiner Seele kommt, um sie mit dem Licht seiner Liebe zu erhellen.

~

MITTWOCH

3. Dezember

Aus einem Predigttext
© Vier-Türme GmbH, Verlag, Münsterschwarzach

Die Hoffnung lässt uns darauf **vertrauen,** dass der Samen, den wir säen, irgendwann aufgeht.

~

Barbara
DONNERSTAG

4. Dezember

Aus: Wofür brennst du? – Leidenschaftlich leben
© Vier-Türme GmbH, Verlag, Münsterschwarzach

Der Prophet Jesaja
verheißt uns:
Gott bringt den Lärm
zum Schweigen.

∼

FREITAG

5. Dezember

Aus: Warum musste Abel sterben? –
Mordgeschichten und andere Seltsamkeiten in der Bibel
© Vier-Türme GmbH, Verlag, Münsterschwarzach

Wir werden zum Segen für andere, wenn sie unsere **Offenheit** für Gott spüren, für das Geheimnis, das größer ist als wir selbst.

~

Nikolaus

SAMSTAG

6. Dezember

Aus: Selbstbestimmt im Alter
© Vier-Türme GmbH, Verlag, Münsterschwarzach

Gott ist jenseits aller Bilder.

~

2. Advent

SONNTAG

7. Dezember

Aus: Segen – Die heilende Kraft
© Vier-Türme GmbH, Verlag, Münsterschwarzach

Dort, wo für mich **Energie** fließt, finde ich meine Leidenschaft.

~

MONTAG

8. Dezember

Aus: Wofür brennst du? – Leidenschaftlich leben
© Vier-Türme GmbH, Verlag, Münsterschwarzach

Nur wenn ich **gebe,** weil ich empfangen habe, weil ich in mir eine Quelle der Liebe habe, kann ich geben, ohne verausgabt zu werden.

~

DIENSTAG

9. Dezember

Aus: Sag mal, Onkel Willi – Ein Dialog über die großen Fragen des Lebens
© Vier-Türme GmbH, Verlag, Münsterschwarzach

Der **Advent** mahnt uns, alles zu relativieren – was bleibt, ist das Kommen Jesu.

~

MITTWOCH

10. Dezember

Aus: Die Heilkraft der Natur – Kräuter, Mythen und Rituale im Jahreskreis
© Vier-Türme GmbH, Verlag, Münsterschwarzach

Eine Kerze lädt uns ein,
dunkle Gefühle durch
leuchtende
Gedanken zu erhellen.

~

DONNERSTAG

11. Dezember

Aus: Für euch zwei
© Vier-Türme GmbH, Verlag, Münsterschwarzach

Rituale brauchen den
Atem des Heiligen.

~

FREITAG

12. Dezember

Aus: Entdecke das Heilige in dir
© Vier-Türme GmbH, Verlag, Münsterschwarzach

Wenn Du gegenwärtig bist, wirst Du auch Gott **begegnen,** der schon da ist.

∼

SAMSTAG

13. Dezember

Aus: Wenn ich nicht mehr beten kann
© Vier-Türme GmbH, Verlag, Münsterschwarzach

Das ist die adventliche **Sehnsucht,** dass das Kommen Gottes uns heilt und erlöst.

~

3. Advent

SONNTAG

14. Dezember

Aus: Wenn ich rufe, gib mir Antwort - Psalmen, die mein Leben begleiten
© Vier-Türme GmbH, Verlag, Münsterschwarzach

Wer mit **Hingabe** lebt, der wird reich vor Gott.

~

MONTAG

15. Dezember

Aus: Gier – Auswege aus dem Streben nach immer mehr
© Vier-Türme GmbH, Verlag, Münsterschwarzach

Der Advent will uns von der Sorge **befreien** und uns in das Vertrauen einüben.

~

DIENSTAG

16. Dezember

Aus: Wächter, wie spät in der Nacht? – Wegbegleiter im Advent
© Vier-Türme GmbH, Verlag, Münsterschwarzach

Das **Licht,** das in Jesus in unsere Welt kommt, will unsere Dunkelheit erhellen.

∼

MITTWOCH

17. Dezember

Aus: Dein Licht schenkt uns Hoffnung – 24 Rituale für den Advent
© Vier-Türme GmbH, Verlag, Münsterschwarzach

Im Advent erwarten wir
das Kommen des Herrn
und **wissen** doch:
Er ist schon da.

∼

DONNERSTAG

18. Dezember

Aus einem Impulstext
© Vier-Türme GmbH, Verlag, Münsterschwarzach

Ich soll das *einmalige* Leben leben, so wie es Gott nur für mich zugedacht hat.

∼

FREITAG

19. Dezember

Aus: Benediktinische Schöpfungsspiritualität
© Vier-Türme GmbH, Verlag, Münsterschwarzach

Heimat ist dort, wo ich nicht nur die Menschen, sondern auch den Ort liebe.

SAMSTAG

20. Dezember

Aus: Wo ich zu Hause bin – Von der Sehnsucht nach Heimat
© Vier-Türme GmbH, Verlag, Münsterschwarzach

Still werden heißt:
Ausschau halten nach der
leisen Stimme
Gottes.

~

4. Advent | Winteranfang
SONNTAG

21. Dezember

Aus: Warum musste Abel sterben? –
Mordgeschichten und andere Seltsamkeiten in der Bibel
© Vier-Türme GmbH, Verlag, Münsterschwarzach

Gebet ist auch:
einfach vor Gott da sein
und sich *liebend*
anschauen lassen.

~

MONTAG

22. Dezember

Aus: Wenn ich nicht mehr beten kann
© Vier-Türme GmbH, Verlag, Münsterschwarzach

Der **Glaube** hat die Kraft, die Welt zu gestalten.

~

DIENSTAG

23. Dezember

Aus: Wie hältst Du's mit der Religion? – 75 Fragen an Anselm Grün
© Vier-Türme GmbH, Verlag, Münsterschwarzach

In der **Stille** der Nacht wird Christus geboren.

Heiligabend

MITTWOCH

24. Dezember

Aus: Vom Himmel hoch, da komm ich her
© Vier-Türme GmbH, Verlag, Münsterschwarzach

Das **Singen** drückt Freude aus und bringt uns mit der Freude in Berührung, die in uns liegt.

~

1. Weihnachtstag

DONNERSTAG

25. Dezember

Aus: Halleluja lasst uns singen
© Vier-Türme GmbH, Verlag, Münsterschwarzach

Das Kind in der Krippe bringt das Licht und die *Liebe* Gottes in die äußerste Armut, auch in die Armut unseres Herzens.

~

2. Weihnachtstag

FREITAG

26. Dezember

Aus: Die Heilkraft der Natur – Kräuter, Mythen und Rituale im Jahreskreis
© Vier-Türme GmbH, Verlag, Münsterschwarzach

Das göttliche Kind will auch in uns heranwachsen und zum **Segen** für andere werden.

~

SAMSTAG

27. Dezember

Aus: Die Heilkraft der Natur – Kräuter, Mythen und Rituale im Jahreskreis
© Vier-Türme GmbH, Verlag, Münsterschwarzach

Echte spirituelle Leidenschaft führt immer zur **Demut** und zur Solidarität mit anderen.

~

SONNTAG

28. Dezember

Aus: Wofür brennst du? – Leidenschaftlich leben
© Vier-Türme GmbH, Verlag, Münsterschwarzach

Weil Gott so viel Geduld mit uns hat, führt er uns immer wieder **liebevoll** zurück auf den Weg zu ihm.

MONTAG

29. Dezember

Aus: Der Weg durch die Wüste – 40 Weisheitssprüche der Wüstenväter
© Vier-Türme GmbH, Verlag, Münsterschwarzach

Das Vertrauen in Gott,
der mit uns geht, weckt neue
Kräfte in uns.

DIENSTAG

30. Dezember

Aus: Vertraue dem Leben
© Vier-Türme GmbH, Verlag, Münsterschwarzach

Der Weg Jesu ist der **Weg** der Liebe und der Vergebung.

~

Silvester

MITTWOCH

31. Dezember

Aus: Ruf in die Zeit 10/2019
© Vier-Türme GmbH, Verlag, Münsterschwarzach

© Vier-Türme GmbH, Verlag, Münsterschwarzach 2024
Alle Rechte vorbehalten
Alle Angaben ohne Gewähr

Umschlaggestaltung und Layout:
Atelier Lehmacher, Friedberg (Bay.)
Illustrationen und Satz:
Atelier Lehmacher, Friedberg (Bay.)
Umschlagfoto: Andrea Göppel © Vier-Türme GmbH, Verlag
Druck und Bindung: Benedict Press,
Vier-Türme GmbH, Münsterschwarzach
ISBN 978-3-7365-0539-1

www.vier-tuerme-verlag.de